Das Buch

Deutsch – Mafia, Mafia – Deutsch: Mit diesem benutzerfreundlichen und leicht verständlichen Sprachführer sind Sie schon bald in der Lage, von einer Bar in Ihrer Nähe Schutzgeld zu erpressen oder mit rivalisierenden Clans »auf die Matratzen zu gehen«. Von freundlichen Begrüßungen und authentischen Gesten der Beleidigung über nützliche Rollenspiele bis hin zu Tipps, wie Sie am meisten aus Ihren Untergebenen herausholen, finden Sie hier alles, was Sie brauchen, um sich wie ein echter italienischer Mafioso aufführen zu können. Nun denn: Willkommen in der Familie!

Der Autor

Giovanni Bruno lebt in Palermo, Sizilien. Er würde dem interessierten Leser gerne mehr über sich und seine Person verraten, aber die Regeln der *omertà* verbieten es ihm.

Giovanni Bruno

Deutsch – Mafia
Mafia – Deutsch

Ullstein

Besuchen Sie uns im Internet:
www.ullstein-taschenbuch.de

Umwelthinweis:
Dieses Buch wurde auf chlor- und säurefreiem Papier gedruckt.

Deutsche Erstausgabe im Ullstein Taschenbuch
1. Auflage April 2007

Die englische Originalausgabe erschien 2006 unter dem Titel
Learn to Speak Mafia bei Boxtree, einem Imprint von
Pan Macmillan Publishers Ltd., London.
Übersetzung: Salvatore Clemenza
Umschlaggestaltung: Sabine Wimmer, Berlin
Titelabbildung: Kate Eshelby
Fotos: Kate Eshelby
Gesetzt aus der Rotis Sans Serif
Satz: Pinkuin Satz und Datentechnik, Berlin
Druck und Bindearbeiten: Clausen & Bosse, Leck
Printed in Germany
ISBN 978-3-548-36958-7

Inhalt

Einleitung

Das Wort »Mafia« hat sich im Laufe der letzten 150 Jahre wieder seiner ursprünglichen Bedeutung angenähert. Denn der moderne Ausdruck, der diesem alten, Kühnheit und Schönheit konnotierenden sizilianischen Wort noch am ehesten entspricht, ist, wie Mafia-Historiker John Dickie schreibt, schlicht und ergreifend: »cool«.

Natürlich hat das mit der Wahrheit nichts zu tun. Denn auch wenn sie dank der charismatischen Auftritte einiger der großartigsten Leinwanddarsteller in zahllosen Hollywood-Filmen verherrlicht worden ist, handelt es sich bei der *Cosa Nostra* in Wirklichkeit um eine skrupellose, gewalttätige, verschworene kriminelle Gemeinschaft von brutalen Gangstern und Mördern. Ihren Anfang nahm die Mafia im achtzehnten und neunzehnten Jahrhundert, als sie in Westsizilien die Zitronenplantagen ausbeutete, doch über die Jahre bildete sie ein ruchloses internationales Netzwerk der Niedertracht aus, das die italienische und amerikanische Gesellschaft im Kern vergiftete und von den Hinterhöfen Palermos bis ins Zentrum der politischen Elite vorstieß.

Das können Sie jetzt auch!

Dieser leichtverständliche Sprachführer wird Sie bald in die Lage versetzen, von einer Bar in Ihrer Nähe Schutzgeld zu erpressen oder mit rivalisierenden Clans »auf die Matratzen zu gehen«. Von freundlichen Begrüßungen und äußerst verletzenden, authentischen Gesten der Beleidigung über nützliche Rollenspiele bis hin zu Tipps, wie Sie am meisten aus Ihren Untergebenen herausholen, finden Sie hier alles, was Sie brauchen, um sich wie ein echter italienischer Mafioso aufführen zu können.

Aber Schluss mit dem Gequatsche, das ist alles bloß leere *chiacchierata*. Gehen Sie erst mal zum Friseur und lassen sich eine anständige Frisur verpassen. Kaufen Sie sich einen neuen Anzug. Und nehmen Sie gefälligst den Hut ab und stehen Sie gerade, wenn Sie mit mir reden – oder haben Sie keinen Respekt? Ach, und willkommen in der Familie.

TEIL EINS

Begrüßung und Benehmen

Don Corleone, ich fühle mich sehr geehrt und dankbar, dass Sie mich in Ihr Haus eingeladen haben zur Hochzeit Ihrer Tochter. Möge ihr erstes Kind ein männliches Kind sein. Ich gelobe Ihnen meine ewige, unendliche Treue.

Luca Brasi, *Der Pate*

Egal, ob Sie vorhaben, katzbuckelnde Bittsteller aus dem Viertel zu empfangen, andere *Capi* (Bosse) auf der Hochzeit ihrer Tochter willkommen zu heißen, oder ob Sie einfach mit zehn schwerbewaffneten Handlangern in aller Freundschaft einen entspannten Restaurant- oder Barbesuch einlegen wollen: Ein »Ehrenmann« (*uomo d'onore*) muss jederzeit Respekt (*rispetto*) zeigen – und was noch viel wichtiger ist: ihn sich erweisen lassen.

Die Begrüßung von gewöhnlichen Menschen, Familienmitgliedern (im Gegensatz zu: Mitgliedern »der Familie«!) und »Freunden von ihnen«* könnte nicht einfacher sein. Lächeln Sie einfach oder tun Sie so, als würden Sie lächeln, oder verziehen Sie angewidert den Mund – schließlich sind Sie der Boss – und sagen Sie ...

* Nicht zu verwechseln mit »Freunden von uns« – siehe Glossar!

Hi!

Ciao!
[TschAU!]

Wie geht's?

Come stai?
[Kome-STAI?]

Meine Glückwünsche zu diesem wunderschönen Restaurant!*

Complimenti! Hai un ristorante bellissimo.
[Kompli-MEN-ti! Ei uhn riss-to-RAN-te bell-ISS-imo]

* Wär doch schade, wenn es zufällig einem Brand zum Opfer fallen würde. *Mi dispiacerebbe tanto, vederlo distrutto dal fuoco.* [Mi dispjatscher-EB-be tanto, wed-ER-lo dist-RUTT-o dall fuO-ko]

Wie begrüßt man einen anderen »eingeführten Mann« (un' uomo combinato)?

Wie jeder Mafioso weiß, zeugt es von sehr schlechtem Stil, wenn man sich bei Begegnungen mit anderen Mitgliedern der Familie direkt als »Ehrenmann« zu erkennen gibt. Wenn irgend möglich, sollte ein dritter »eingeführter« Freund die Verbindung klarmachen, indem er Person A in entsprechend vager Form Person B vorstellt, etwa mit »Er ist ein Freund von uns« oder »Ihr seid beide dasselbe wie ich«.

Sollte kein dritter *uomo combinato* zur Verfügung stehen, können Sie auf eine traditionelle Methode der sizilianischen Mafia zurückgreifen, mit deren Hilfe sie herausfindet, ob jemand zur Familie gehört: Eine kryptische Unterhaltung über »Zahnschmerzen«, die funktioniert wie ein Händedruck unter Freimaurern. Im Jahre 1875 fiel dem Polizeichef von Palermo ein Transkript eines solchen Vorstellungsgesprächs – in dessen Verlauf Details des geheimen Initiationsrituals der Mafia enthüllt werden – in die Hände, das er an den italienischen Innenminister weiterleitete. Vielleicht haben Sie ja Lust auf ein unterhaltsames kleines Rollenspiel auf der Grundlage dieses Transkripts. Fügen Sie dazu einfach an den entsprechenden Stellen Ihre eigenen Namen und Orte ein:

Rollenspiel!

A: *(deutet auf einen seiner Vorderzähne) Mannaggia!** Habe ich vielleicht Zahnschmerzen!

B: Und ich erst.

A: Erzähl, mein Lieber. Wie hast du dir die zugezogen?

B: Ich habe mich mit Freunden von uns in der Stadt Corleone getroffen, am Tag von Mariä Verkündigung.

A: Wer waren diese Freunde?

B: Beppe Lollobrigida und Giuseppe Gotti.

A: Die kenne ich gut. Das sind feine, aufrechte Kerle, die auch beide furchtbare Probleme mit ihren Zähnen haben.

B: Das ist wahr.

A: Und was geschah bei diesem Treffen?

B: Beppe Lollobrigida hat eine Kerze angezündet und mich beiseite genommen. Dann hat er mit einer scharfen Klinge meine Hand angeritzt und mein Blut auf einem Heiligenbildchen verschmiert, das er anschließend verbrannte. Die Asche hat er in alle vier Winde verstreut, was das Schicksal aller Verräter ist.

A: Klasse. Äh, hast du letzte Nacht das Spiel gesehen?

Nun können Sie die Unterhaltung getrost fortsetzen, in dem sicheren Wissen, dass Ihr neuer Freund »dasselbe ist wie Sie«.

* Verfluchte Hacke!

Angenehm! / Freut mich (Sie kennenzulernen)!

Piacere!
[Pjatsch-EHR-e]

REISETIPP

DER DON

Sizilien ist ein pulsierender Schmelztiegel der Kulturen, eine Sonneninsel mit Zitronenbäumen und einem tiefblauen Meer, das im Laufe der Jahrhunderte von Griechen, Römern, Spaniern, Franzosen und sogar den Briten besetzt war. Der Titel eines »Don« und die Sitte, jemandem als Zeichen des Respekts die Hand zu küssen, geht auf die lange Zeit der spanischen Herrschaft zurück, als den hochrangigen Mitgliedern des fremden Adels von ihren feudalen Untergebenen überschwänglicher Respekt erwiesen wurde.

Gesten wie diese haben die spanische Okkupation überlebt und wurden in der Folge jedem Mann von Rang in der sizilianischen Gesellschaft entgegengebracht, ob der fragliche »Don« nun ein *uomo combinato* war oder nicht. Wenn Sie also möchten, dass Ihnen zu Hause oder im Restaurant der gehörige Respekt erwiesen wird, können Sie sich mit Fug und Recht herausnehmen, dem Pächter herablassend die Hand hinzuhalten und sich unter Nennung des Beinamens »Don« vorzustellen (also Don Perignon, Don Brown, Don Osmond etc.).

NÜTZLICHE KLISCHEES

Nun, da Sie bereit sind, den Mitganoven in Ihrer Nachbarschaft selbstbewusst zu begegnen und sie zu begrüßen, kann es bestimmt nicht schaden, ein paar Gangsterfilm-Klischees in die Konversation mit Ihren neugefundenen Freunden einzustreuen.

Ich glaube, wir zwei verstehen uns.
Credo che andremo tutti d'accordo
[Kre-do kä an-drem-o TUT-ti dak-KOR-do]

Mein Haus ist auch dein Haus.
La mia casa è la tua casa
[La mi-a ka-sa ä la TU-a ka-sa]

Du bist wie ein Bruder für mich.
Per me sei come un fratello
[Per me säi komme uhn frat-ELL-o]

Wenn du je mal etwas brauchst, möchte ich, dass du damit zu mir kommst, okay?
Se hai bisogna di qualcosa, devi chiedermi un favore, va bene?
[Sä ei bi-SON-ja di qual-kosa, dewi kj-ED-är-mih uhn fav-OR-e, va BEN-e?]

TEIL ZWEI

Verbreitete Ausdrücke

Wer sich mit mir anlegt,
mit dem leg ich mich an!

Al Capone, *The Untouchables – Die Unbestechlichen*

Um in Ihrem neuen *mandamento* (Bezirk) ernstgenommen zu werden, müssen Sie wissen, wann Sie ins Schwärmen geraten dürfen, wann Sie Gangsterklischees einsetzen müssen und wann Sie sich gegenüber Untergebenen und ortsansässigen Geschäften eine gewisse Geringschätzigkeit erlauben können. In diesem Abschnitt unseres kleinen Sprachführers werden Sie viele nützliche Ausdrücke finden, mit denen Sie ihre Alltags»gespräche«* würzen können. Doch lassen Sie uns zunächst mit dem wichtigsten Punkt anfangen: Als Möchtegern-Mafioso müssen Sie wissen, wann Sie die Klappe halten müssen ...

Allzu sorgloses Gerede kann Leben kosten!

Manche sagen, dass sich die *omertà* – das berühmte Schweigegebot der Mafia – vom italienischen Wort für »Demut«, *umilità* (oder sizilianisch: *umirtà*) ableite. Andere Etymologen verweisen auf das lateinische Wort für »Mensch«, *homo*, als mögliche Wurzel, was den Ausdruck zu einem starken Symbol für »Männlichkeit« machen würde. Wie die drei sizilianischen Gesten auf der gegenüberliegenden Seite zeigen, kommt es freilich nicht so sehr auf die Geschichte des Wortes an, sondern auf die Bedeutung, die es für die Familie hat: »Nichts hören, nichts sehen, nichts sagen; lass uns in Ruhe unsere Geschäfte machen oder trage die Konsequenzen.« Oder, um es kurz und bündig zusammenzufassen: »Du hast nix gesehen, okay?«

* sprich: Prügeleien

1. Nichts hören

Non sentire
[Non sen-TIE-re]

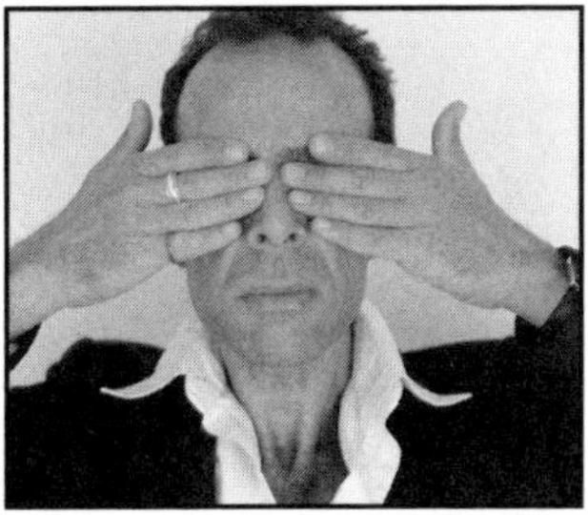

2. Nichts sehen

Non vedere
[Non wed-Ä-re]

3. Nichts sagen

Non parlare
[Non par-LAA-re]

Mund halten. / Nicht weitersagen.

Aqua in bocca.*
[A-qua in BOK-ka]

* Wörtlich: »Wasser im Mund« – das heißt, so voll mit Wasser, dass man nicht in die Verlegenheit kommt, sich zu verplappern ... Die Geste kann in allen möglichen Varianten auftreten, die ein Schließen des Mundes anzeigen, zum Beispiel als Reißverschluss-Bewegung.

WIE SIE VON IHREM RECHT AUF AUSSAGEVERWEIGERUNG GEBRAUCH MACHEN UND BEI DER VERNEHMUNG TROTZDEM HÖFLICH BLEIBEN

Als Frank »Lefty« Rosenthal (die Vorlage für Robert de Niros Figur in *Casino*) 1961 im Rahmen einer Anhörung zum Thema Glücksspiel vom US-Kongress vorgeladen wurde, soll er sage und schreibe siebenunddreißig Mal von seinem Recht auf Aussageverweigerung Gebrauch gemacht haben, um sich nicht selber zu belasten. Versuchen Sie doch einmal mit einem Freund den folgenden simplen Schlagabtausch nachzuspielen und orientieren Sie sich dabei an Rosenthals lehrbuchmäßigen Antworten im Kreuzverhör. Um das Ganze etwas realistischer zu gestalten, könnte Ihr Mitspieler Sie dabei vielleicht ein wenig vermöbeln, um so herauszufinden, ob Sie auch unter Druck Haltung bewahren.

Rollenspiel!

A: Sie sind Colin »Der Kipper« Spiggot, wohnhaft in London, 27 Acacia Avenue?

B: Ich bitte sehr um Ihr Verständnis, dass ich diese Frage nicht beantworten kann, da ich davon ausgehen muss, mich damit unter Umständen selber zu belasten.

A: Sind Sie Rechtshänder?

B: Ich bitte sehr um Ihr Verständnis, dass ich diese Frage nicht beantworten kann, da ich davon ausgehen muss, mich damit unter Umständen selber zu belasten.

A: So, das wären also eine kleine Pizza Hawaii mit Salat, eine Cola light und ein Luftballon für Ihren Kleinen. Möchten Sie die Pizza auf traditionelle Art oder als *Calzone?*

B: Ich bitte sehr um Ihr Verständnis, dass ich diese Frage nicht beantworten kann, da ich davon ausgehen muss ... Äh, sorry, Calzone, bitte. Mit extra viel Pilzen, *capisci*?

Was willst du?

Che vuoi?*
[Kä-WUOI?]

* Diese Geste dient weniger dazu, einer höflichen Bitte um Information Ausdruck zu verleihen, als vielmehr Unmut und Ungeduld anzudeuten. Sie kann mit einer vor den Körper gehaltenen Hand ausgeführt werden oder aber, wie in der Abbildung, mit beiden Händen, wobei die Hände mit unterschiedlicher Intensität geschüttelt werden können, je nachdem, wie sehr Ihnen Ihr Kumpan »auf die Eier geht«.

Mach dir keinen Kopf.

Non ti preoccupare.
[Non ti prä-okk-u-PAAR-e]

Mal langsam … / Moment mal …

Aspetta un attimo …
[As-BETT-a uhn ATT-imo]

Alltägliche Aufgaben

Wenn Sie erst einmal ein »Ehrenmann« sind, werden Sie feststellen, dass der ganz alltägliche Umgang mit Verkäufern und Kaufleuten oft viel komplexer ist als zuvor und dass Sie an deren Produkte nun höhere Ansprüche haben als früher. Hier ein Beispiel für eine Gesprächssituation, in der Sie sich unversehens wiederfinden könnten. Beachten Sie, welch liebenswürdigen, respektvollen Ton »unser Freund« selbst noch angesichts des unverschämten Benehmens des Ladenbesitzers an den Tag legt.

BEIM KAUF EINER ANGELSCHNUR

Mafiosi: Wie stark ist diese Schnur? Die hält doch schon was aus, oder?

Ladenbesitzer: Das ist unsere beste Angelschnur, Sir. Die hat bis jetzt noch jeden Fisch ausgehalten.

M: Das überzeugt mich nicht so ganz. Wenn ich jetzt, sagen wir mal, einen Hundertzwanzig-Kilo-Fisch am Haken hätte, würde die dem dann den Rest geben?

L: Bei allem Respekt, Sir, ich glaube nicht, dass Sie irgendwo in New Jersey einen derartigen Fisch an die Angel kriegen.

M: Sagen wir, wir hätten diesen dicken Fisch an Land gezogen und er ist immer noch nicht tot. Und meine Freunde – die zum Teil überhaupt nichts vom Fischen verstehen – beschließen, dass sie ihn damit erdrosseln wollen?

L: In diesem Fall würde ich vorschlagen, dass Sie unsere extrastarke, reißfeste Schnur ausprobieren, wenn Sie bitte hier drüben schauen wollen …

Dein Gerede interessiert mich nicht.

Non me ne importa niente.*
[Non me ne im-por-ta nj-EN-te]

* Legen Sie je nach Belieben Ihre ganze Verachtung in diese Geste, während Sie mit den Fingerspitzen die Unterseite Ihres Kinns berühren und in einer einzigen großartigen, schwungvollen, abfälligen Bewegung nach vorne sausen lassen.

Ja, ich geig den Leuten ab und zu was. Na und?

Mi piaciono i violini. E allora?
[Mi pj-atsch-ono i wio-LI-ni. Eh a LOR-a?]

Es nervt.

Che peso.*
[Kä PES-o]

* Wörtlich: »Was für ein Gewicht«. Die metaphorische Bedeutung erstreckt sich auf all das, was für den Sprecher eine Last ist, z. B. »Diese ständigen Razzien von den *poliziotti* versauen einem echt das Geschäft«.

Du gehst mir auf die Eier! / Das geht mir auf den Sack!

Due palle cosi!*
[Du-e pal-le ko-SIE]

* Wörtlich: »Zwei solche Eier«. Damit deutet der Sprecher an, wie sehr ihn eine besonders lästige Person oder Situation gerade beeindruckt.

NÜTZLICHE KLISCHEES

Ich schwöre bei allem, was mir heilig ist*/beim Grab meiner Mutter.
Lo giuro su tutti i santi e sulla tomba di mia madre
[Lo dschu-ro suh tut-ti ih san-ti ä sulla tom-ba di mi-a MA-dre]

Der Typ, den Sie suchen, wohnt hier nicht mehr, tut mir leid.
Mi dispiace ma il tizio che cerca non abita più qui
[Mi dis-PJAA-tsche ma il tiez-i-o kä tscherka non abita pju qui]

Irgendwas ist hier faul.
C'è qualcosa che mi puzza
[Tschä qual-kosa kä mi PUTZa]

Ich wusste gleich, als ich dich gesehen habe, dass du ein Ehrenmann bist, ein Mann des Respekts.
L'ho capito subito che eri un uomo d'onore, un uomo di rispetto
[Lo kap-i-to SUH-bi-to kä er-i uhn uo-mo don-OH-re, uhn uo-mo di ris-PETT-o]

* Wörtlich: bei allen Heiligen

Er war ein guter Mann.

Era un buon tipo.
[Ära uhn buon Ti-po]

TEIL DREI

Geschäftliches

Ich werde ihm ein Angebot machen, das er nicht ablehnen kann.

Michael Corleone, *Der Pate*

Ein versierter Mafia-Don wird sich die Zeit nehmen, viele althergebrachte Fertigkeiten zu erlernen, um sich ehrlich seinen Lebensunterhalt zu verdienen – von kleineren Gaunereien bis hin zu Schutzgelderpressung, Drogenhandel, Waffen, Pornografie, Raubüberfällen und Geldwäsche. Manche lassen sich sogar dazu herab, in die Politik zu gehen.

Die äußerlichen Insignien eines Mafioso, sein Aussehen, die Kleidung und Gesten, all das lässt sich erlernen. Doch ihre Sporen werden Sie sich so richtig nur im Geschäftsleben verdienen. Aber nicht im stickigen Großraumbüro – Ihre Welt ist die Großstadt selber, angefangen von den schlecht beleuchteten tieferen Etagen der Parkhäuser bis hin zu einsamen U-Bahn-Stationen, Fleischkühlräumen und Hinterzimmern von Restaurants. Lesen Sie unseren Leitfaden für Mafia-Geschäfte und seien Sie versichert: Wenn nur genügend von Ihren Feinden »bei den Fischen schlafen«, gehört die Welt bald Ihnen!

Die zwei stecken doch unter einer Decke!

Questi due se la intendono!
[QUES-ti DU-e sä la in-TEN-do-no]
Sizilianisch: Sti dui filìanu.

Pinke / Knete

Soldi / Grana*
[SOL-di / GRAH-na]

* Diese Geste verwendet man, um nicht laut aussprechen zu müssen, dass mal wieder das *pizzo* (Schutzgeld) fällig ist.

Zufriedenheit / Glück

Contentezza*
[Con-ten-TED-za]

* Vielleicht nach dem erfolgreichen Abschluss über eine große Lieferung Käsekuchen mit extra Sahne (vgl. S. 54/55, »Geschäftliches am Telefon«)

Ich schwöre.*

Lo giuro.
[Lo DSCHU-ro]

* Vorder-, Rück- und Vorderseite von Zeige- und Mittelfinger werden unter schnellem Drehen der Hand in rascher Folge geküsst.

»Das ist'n übler Bursche / ein Schlawiner.«, paradoxerweise auch: »Der Typ ist in Ordnung.«

Facciataglia*
[FATSCH-a-TAL-ja]

* Wörtlich: jemand, der einem das Gesicht zerschneidet.

An der Sache ist was faul.

Che puzza.*
[Kä PU-tza]

* Wörtlich: »Hier stinkt's!«

»Aufgestaute Wut«

Collera interna
[Kol-lä-ra in-TER-na]

Er sitzt hinter Gittern.

È detenuto.
[Ä dette-NUH-to]

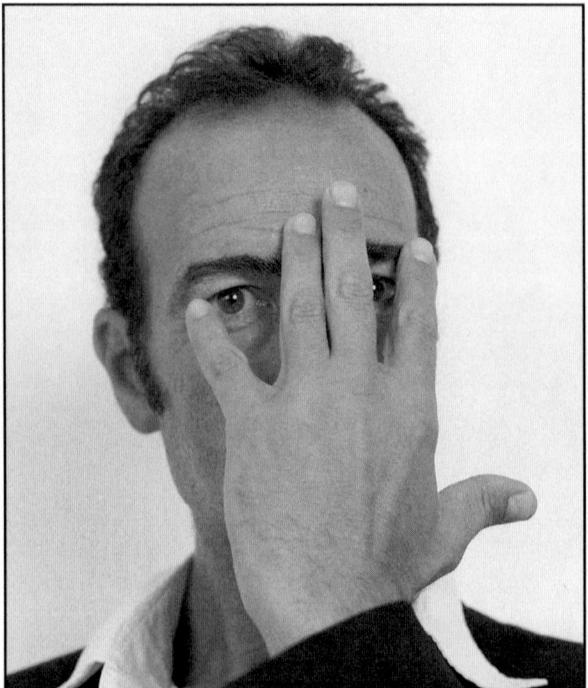

Das ist mir im Hals steckengeblieben.*

Mi è rimasto in gola.
[Mi ä ri-MAS-to in GO-la]

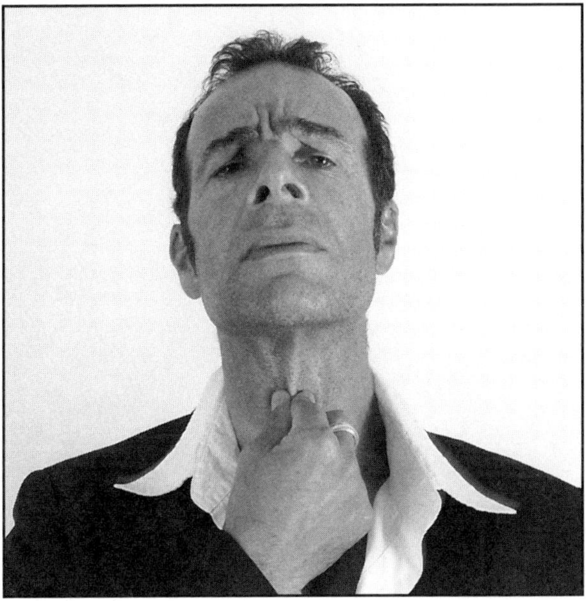

* Mit dieser Geste zeigen Sie an, dass Sie es – bildlich gesprochen – schwer finden, eine bestimmte Nachricht, verpasste Gelegenheit oder eine unangenehme Situation zu verdauen, z. B. »Es gefällt mir ganz und gar nicht, dass meine Tochter Sergeant O'Hoolihan heiraten will«.

Der Typ ist ein Bulle / Spitzel!

Sbirro! / Cascittuni*
[SBIR-ro / Kaschit-TUH-ni]

* *Cascittuni* heißt im palermitaner Dialekt die Toilette in der Gefängniszelle. Wen man dabei erwischt, wie er gegenüber den Behörden plaudert, der wird mit dem Kopf ins *cascittuno* getaucht. Und wird im übertragenen Sinne nie den Geruch los ...

Geht nicht. / Nützt nichts. / Ich hab keine. / Nix gibt's.*

Niente!

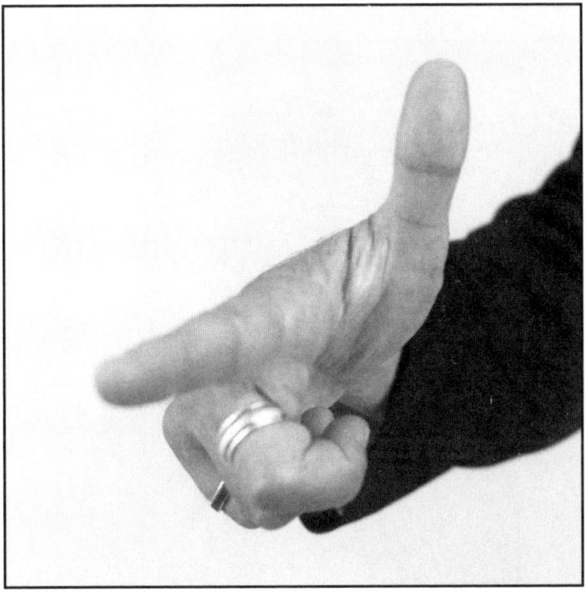

* Strecken Sie den Zeigefinger wie in der Abbildung mit rechtwinklig abgespreiztem Daumen, halten Sie diese Position und lassen dabei das Handgelenk nach links und rechts rotieren. Der Daumen bewegt sich, doch der ausgestreckte Finger bleibt dabei mehr oder weniger ruhig.

Helfen Sie mir, Pate! Ich flehe Sie an!

Aiutami padrino! La prego!
[A-JU-ta-mi pa-drie-no! La PRÄ-go!]

Und ich? Soll ich hier vielleicht nur blöd rumstehen?*

E io che sto, a guardare?
[Ä I-o kä sto, a guar-DAH-re?]

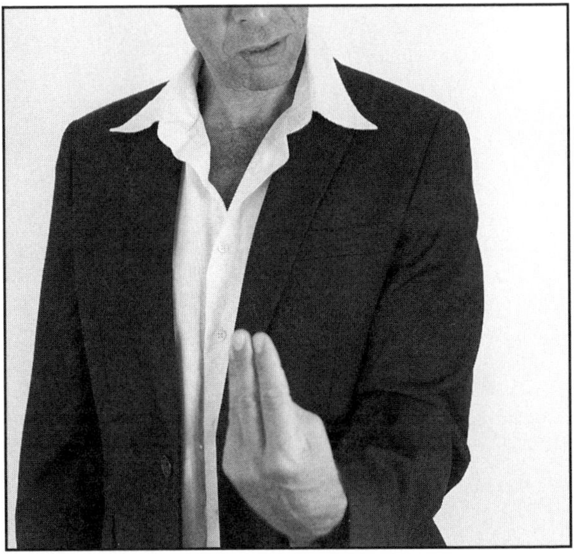

* Halten Sie die Hand wie abgebildet und lassen Sie sie während des Sprechens drei- oder viermal kreisen.

Ich hab keine Ahnung. / Ich hab mit der Sache nichts zu tun.

Non so niente.
[Non so nj-EN-te]

Ehrenwort

Parola d'onore
[Pa-ro-la don-OH-re]

Geschäftliches am Telefon

Liebe Freunde der italienischen Oper: Seid wachsam! Als neue Mitglieder unserer Gemeinde werdet ihr feststellen, dass viele eurer Geschäftspraktiken, obgleich hochprofitabel und zweifellos von gesellschaftlichem Nutzen, das Misstrauen gewisser regierungsnaher Organisationen wecken werden. Das FBI ist überall und überwacht sämtliche eurer Gespräche. Es ist also äußerst ratsam, sämtliche Schlüsselwörter durch vorher abgesprochene Codewörter zu ersetzen, wie in dem berühmten FBI-Transkript eines angeblichen Drogendeals, an dem der *wiseguy* Henry Hill beteiligt gewesen sein soll und in dem zwei Männer die heimliche Übergabe von Golfschlägern, Hundepillen und einer großen Menge hochwertigen Shampoos besprechen. Lesen Sie mit einem Freund laut den folgenden fiktiven Dialog und stellen sich dabei die ganze Zeit vor, dass die Bundespolizei Ihnen dabei zuhört ...

Rollenspiel!

Mafioso 1: Hast du die Golfschläger?

Mafioso 2: Ja, aber das Eis hab ich nicht bekommen.

M1: Wie, kein Eis? War es so teuer?

M2: Nein, er sagt, er verkauft einfach kein Eis mehr. Er hat Käsekuchen bis zum Abwinken, aber kein Eis. Die Golfschläger sind verstaut.

M1: Was für einen Käsekuchen hat er denn? So einen, wie wir ihn damals in Las Vegas hatten?

M2: Nein, größer. Wie die Sorte, wegen der unser Freund in den Urlaub gefahren ist.

M1: Gott sei seiner Seele gnädig. Na gut, dann schaff die Golfschläger zu unserem Freund mit den zwei Hunden und ich möchte so viel Käsekuchen, wie er bereit ist uns zu verkaufen. Und Sahne für den Käsekuchen. So viel wir kriegen können.

M2: Die hat er auch, Boss. Das wird vielleicht 'n Kaffeeklatsch.

NÜTZLICHE KLISCHEES

Wie kannst du mich so etwas fragen? Du brichst mir das Herz!
Come puoi chiedermi una cosa del genere? Mi spezzi il cuore!
[Kome puoi kj-E-der-mi uhna ko-sa del dschän-er-e? Mi spetzi il KUO-re]

Frag mich nie Geschäftliches.
Non chiedermi mai dei miei affari.
[Non kje-der-mi MAI dej mi-eji af-FAH-ri]

Ab jetzt kümmere ich mich hier um die Dinge ...
Da ora in poi me ne occupo io ...
[Da or-a in poi me ne okk–u-po I-o]

Ich traue niemandem.
Non mi fido di nessuno.
[Non mi fie-do di ness-UH-no]

Ich habe meine Schuldigkeit gegenüber der Gesellschaft getan.
Ho pagato il mio debito verso la società.
[Oh pa-ga-to il mi-o DÄ-bi-to wer-so la so-tschje-TA]

TEIL VIER

Drohungen und Beleidigungen

»BadaBÄNG!«

Sonny Corleone, *Der Pate*

Wie zumindest ein angesehener italienischer Mafia-Experte* sagt, ist die Notwendigkeit, sich Respekt zu verschaffen (*farsi rispettare*), eine wesentliche Grundlage jeglichen Benehmens *in maniera mafiosa* (»wie ein Mafioso«). Sie werden feststellen, dass Ihnen die Menschen in Ihrem Sprengel diesen Respekt in der Regel bereitwillig erweisen. Schließlich sorgen Sie im Gegenzug für ein angemessenes *pizzo* dafür, dass die Leute ihren Seelenfrieden haben, weil Sie sie davor schützen, dass ihre Schaufenster eingeworfen oder nahe Verwandte garrotiert und den Schweinen zum Fraß vorgeworfen werden und was einem sonst noch so an häuslichen Unfällen und höherer Gewalt widerfahren kann.

Manchmal wird freilich auch Ihre freundliche Patronage nicht ausreichen, um die Leute davon zu überzeugen, Ihnen ihr sauer verdientes Geld zu spenden, damit Sie sich weiterhin den Lebensstil leisten können, an den Sie sich nun mal gewöhnt haben. Da nicht viele Supermärkte die abgetrennten Köpfe von millionenschweren Rennpferden feilbieten, könnten Ihnen möglicherweise die folgenden Drohungen und Beleidigungen von Nutzen sein, wenn Sie den Geschäften in Ihrem Viertel einen Besuch abstatten oder sich mit Untergebenen oder korrupten Bullen herumschlagen müssen.

* Pino Arlacchi, *La Mafia imprenditrice* (Bologna, Il Mulino, 1983)

Du spinnst doch! / Du hast sie nicht mehr alle!

Sei pazzo. / Sei fuori.*
[Säj PATZ-o / Säj FUO-ri]

* Halten Sie Ihre Hand an die Schläfe und spreizen Sie wie in der Abbildung fächerartig die Finger, begleitet von einer kurzen, schnellen Drehung des Handgelenks (zuerst den kleinen Finger, dann den Ringfinger, Mittelfinger usw.). Die Bewegung drückt ein Gefühl von leerem Raum aus.

Nichts*

Niente / nulla
[Nje-EN-te / NUL-la]

* Wenn Sie das entsprechende Maß an Verachtung in Ihren Ausdruck legen, kann das so viel heißen wie »Für mich bist du nichts wert«.

Hörner*

Corna
[KOR-na]

* Eine nach unten gerichtete Geste, mit der man sich das Pech vom Leibe hält *(scongiuro)* oder jemanden verflucht.

Gehörnter*

Cornuto
[Kor-NUH-to]

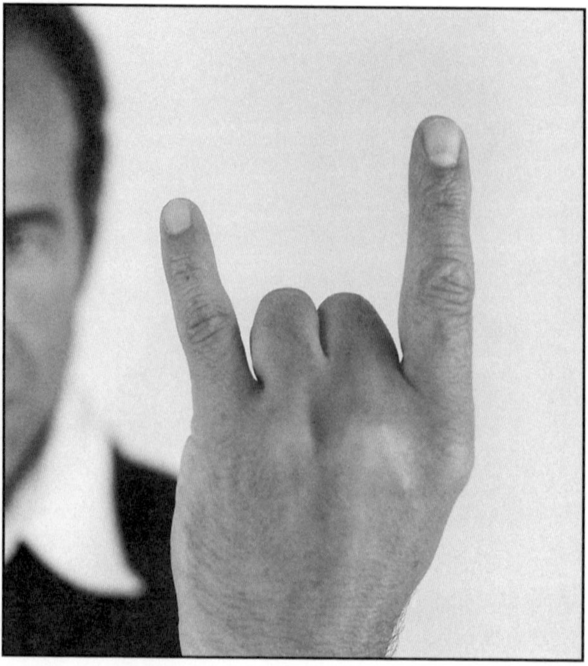

* In der Regel als Beleidigung gebraucht, kann diese Geste unter bestimmten Umständen auch bedeuten, dass jemand ein »gerissener« oder »schlauer Hund« ist.

Leck mich! / Verpiss dich!

Vaffanculo!
[Vaf-fan-KUH-lo]

Was ist so komisch daran? Amüsiere ich dich?

Come buffo? Ti faccio ridere?
[KOM-me BUFF-o? Ti fatsch-o RI-dä-re]

Vergiss es!

Dimenticalo!
[Di-MEN-ti-ka-lo]

Vergiss es!

Dimenticalo!
[Di-MEN-ti-ka-lo]

Vergiss es!

Dimenticalo!
[Di-MEN-ti-ka-lo]

Ich polier dir die Fresse!

Ti spacco la faccia!
[Ti spak-ko la FATSCH-a]

Halt die Luft an! / Sei still! / Ruhe!

Stai zitto!
[Stai DZIT-to]

Dafür wirst du teuer bezahlen! / Dir mach ich die Hölle heiß!

Ti faccio un culo cosi!*
[Ti FATSCH-o uhn kuh-lo ko-SIE]

* Eigentlich: »Ich reiß dir dermaßen den Arsch auf!« Mit dieser Geste kann auch ausgedrückt werden, dass jemand »Arsch (in der Hose)« hat, also Glück, oder dass jemand sehr hart gearbeitet hat (so hart, dass er *sich* den Arsch aufgerissen hat ...).

Ich hab dich im Auge.

Ti tengo d’occhio.
[Ti ten-go DOOK-jo]

**Gleich fängst du dir eine!/
Ruckzuck ist die Lippe dick!**

Ti do uno schiaffo!
[Ti do uhno sk-JAFF-o]

Du Schwein! / Wenn ich dich zwischen die Finger kriege ...*

Mannaggia a te. / Se t'acchiappo ...
[Man-NAH-jah ah tay! Say tak-YAP-o]

* [... dann schnappe ich SO zu!]

Tot*

Morto
[MOR-to]

* Wie in: »Unser Freund wohnt hier leider nicht mehr.« Zeige- und Mittelfinger beschreiben bei dieser Geste eine kleine, schnelle Aufwärtsspirale, wie bei einer »majestätischen« Winkbewegung.

Drohung

Minaccia*
[Min-ATSCH-a]

* Der Klassiker. Eine Drohgebärde, die das Durchschneiden der Kehle imitiert.

»Frühjahrsputz«

Als Mafia-Unterboss oder *capodecina* werden Sie mindestens zehn *picciotti* (»Jungmänner«) oder *soldati* (»Fußsoldaten«) unter sich haben. (*Capodecina* heißt wörtlich so viel wie »Chef von zehn«.) Es ist eine deprimierende Tatsache, dass die Loyalität dieser Männer früher oder später in Frage gestellt werden wird, sei es durch einen rivalisierenden Clan oder ein Bundesgericht. Kommt es erst einmal so weit, ist von entscheidender Bedeutung, dass Sie wissen, wie Sie Ihre Untergebenen disziplinieren können, um sich deren Respekt zu erhalten. Wenn ein *soldato* im Verdacht steht, aus der Reihe zu tanzen, gibt es zwei Arten des Umgangs mit ihm.

1. WENN SIE VERMUTEN, DASS ER UNSCHULDIG IST

Der ideale Ort für dieses Aufeinandertreffen wäre eine verlassene Lagerhalle, ein städtisches Schwimmbad oder der nächtliche Rasen in einem Fußballstadion. Um sich die ungeteilte Aufmerksamkeit Ihres *soldato* zu sichern, sollten Sie ihn an einen Stuhl fesseln und von ein paar im Kreis aufgestellten »Jungtürken« bewachen lassen. Baseballschläger und anderes strapazierfähiges Sportgerät könnten von Nutzen sein und sollten daher in Reichweite liegen.

Capo: Carlo, gerade von dir hätte ich so was nie erwartet.

Soldato: Ich habe nie mit Sergeant O'Hoolihan gesprochen! Das ist einfach nicht wahr! Ich hasse diesen Typen wie die Pest! Du weißt, dass meine ganze Loyalität dir gilt!

Capo: Aber es gibt Zeugen, die dich Dienstag früh in McClusky's Eiscafé mit ihm gesehen haben.

Soldato: Was für Zeugen? Die lügen! Ich schwöre beim Grab meiner Mutter, ich hab nie mit ihm gesprochen!

Capo: *(schwer seufzend)* Ach Carlo, wenn deine Mutter dich jetzt nur sehen könnte. Sie war eine gute Frau. Sie hat dich bestimmt nicht zum Verräter erzogen. Jungs, ich glaube Carlo braucht noch etwas mehr ... *Ermunterung* ...

Diesen Dialog können Sie – mit kleineren Abweichungen – nach Belieben wiederholen, bis Sie entweder a) müde werden oder der unschuldige *soldato* b) ohnmächtig wird oder sein Leben aushaucht (wie man auf diese unerwartete Tragödie reagiert, siehe S. 35). Das wird den Respekt, den Ihnen Ihre Männer entgegenbringen, merklich steigern und die Stimmung in der Gruppe allgemein heben.

2. WENN SIE VERMUTEN, DASS ER SCHULDIG IST

Der einzige wirklich wirkungsvolle Ort für dieses Aufeinandertreffen ist Ihr eigenes Zuhause. Nehmen Sie es zum Anlass für eine Party. Postieren Sie Wachen ans Tor, machen Sie den besten Champagner auf, servieren Sie edelste Speisen. Nach einem opulenten Mittagsfestmahl nehmen Sie den schuldigen *soldato* beiseite, um sich ein paar Takte mit ihm zu unterhalten. Stellen Sie sicher, dass ein paar andere vertrauenswürdige Ehrenmänner in der Nähe stehen, die freundlich und besorgt dreinblicken.

Capo: Carlo, ich mache mir wirklich Sorgen um dich. Du siehst in letzter Zeit ziemlich gestresst aus.

Soldato: Ich, gestresst? Nee, Boss, ich hab mich schon lang nicht mehr so gut gefühlt.

Capo: Du schwitzt ja schon, wenn ich bloß mit dir rede. Das ist eine verdammt stressige Arbeit, Carlo, und ich lasse mir von niemandem nachsagen, dass ich meine Männer dafür nicht anständig entschädige. Du fährst in Urlaub. Mit allem Drum und Dran. Ist schon alles gebucht. Hier sind die Tickets.

Soldato: *(blass aussehend)* Mann, das ist ja nett von dir, Boss!

Capo: *(mit weit ausladenden, großmütigen Gesten für die Galerie)* Ich habe noch nie jemandem so vertraut wie dir, Carlo. Du bist wie ein Bruder für mich. Wir haben von Kindesbeinen an immer aufeinander aufgepasst und ich möchte, dass es dir gut geht. Hier hast du noch etwas Geld, nimm.

Soldato: *(schwach)* Du warst immer sehr gut zu mir, Boss.

Capo: *(liebevoll)* Jetzt schau dir diesen Anzug an, der fällt ja bald auseinander? Hast du keine Achtung vor mir? In meiner Gegenwart so was anzuhaben ... Kauf dir einen neuen. Schneid dir die Haare, nimm dir eine Auszeit am Swimmingpool, besorg dir eine Frau und

> spann mal 'ne Woche aus. Du wirst sehen, danach fühlst du dich wie neu ...

Lassen Sie den Mann noch zum Wagen führen, wo auf dem Rücksitz schon der Vollstrecker wartet, mit allen Gerätschaften, die nötig sind, um es dem fehlgeleiteten *soldato* anatomisch schwer zu machen, Sie je noch einmal zu hintergehen. Das wird den Respekt, den Ihnen Ihre Männer entgegenbringen, merklich steigern und die Stimmung ... usw.

NÜTZLICHE KLISCHEES

Lass es wie einen Unfall aussehen.
Potrebbe capitargli un piccolo ... incidente.
[Pot-reb-be kapi-TAR-li uhn pik-ko-lo...in-tschi-DEN-te]

Ich möchte, dass du mit den Jungs eine kleine Spritztour für mich machst.
Vorrei che tu facessi un giretto in macchina con i picciotti.
[Vor-rej kä tu fatsch-ess-i uhn dschi-RET-to in mak-kina con i pitsch-OT-ti]

Wir haben unsere Regeln. Du hast sie gebrochen.
Noi abbiamo le nostre leggi. Tu le hai infrante.
[Noi ab-jamo le nos-tre le-dschi. Tu le ei in-FRAN-te]

Du kommst in *mein Haus* und sprichst von Korruption/Mord/Unehrenhaftigkeit ...
Tu hai il coraggio di venire a casa mia, a parlarmi di corruzione/crimini/disonore ...
[Tu ei il kor-adscho di ven-i-re a ka-sa MI-a, a par-lar-mi di kor-rutz-JO-ne/KRI-mi-ni/dis-ON-o-re]

TEIL FÜNF

Essen und Trinken

Wieso hast du für die Drinks bezahlt?
Einer aus der Familie bezahlt nicht
für einen Drink.

Lefty, *Donnie Brasco*

Endlich Zeit zum Entspannen. Sie haben einen harten Tag hinter sich. *Pentiti* zusammenschlagen, Geld erpressen und aus dem Fenster eines fahrenden Autos schwere Maschinenpistolen auf andere richten – das strengt an. Ihre Gliedmaßen sind schwer und Sie haben sich ein gutes Essen verdient. Zum Glück ist es für Sie dank ihrer hohen gesellschaftlichen Stellung kein Problem, eine Mahlzeit spendiert zu bekommen. Die besten Lokale der Stadt werden sich überschlagen, Sie und Ihre Freunde zu bewirten. Doch um ernstgenommen zu werden, sollten Sie vorher ein paar Gesten und Fingerzeige kennen ...

Lust auf einen Kaffee?

Prendiamo un caffè?*
[Pren-di-AH-mo uhn kaf-FÄ?]

* Vergessen Sie nicht, dabei den kleinen Finger abzuspreizen und eine scharfe, kurze Kippbewegung anzudeuten, so als würden Sie einen starken Espresso trinken, mit dem man Tote zum Leben erwecken kann.

Gehen wir einen trinken?

Beviamo qualcosa?*
[Bew-JA-mo qual-ko-sa?]

* Obwohl jeder Mafioso, der sein Geld wert ist, in der Regel zu deutlich stärkeren Sachen greifen wird, sei dem interessierten Leser hier noch verraten, wie man jemanden auf ein kaltes Bier einlädt: *Prendiamo una birra?* [Pren-DJA-mo uhna BIR-ra?]

Prost!

Salute!
[Sa-LU-te!]

Restaurantbesuche sind eine recht gebräuchliche Nebenbeschäftigung für den Mafioso und Sie werden feststellen, dass sie das Portfolio der Familie auf angenehme Weise ergänzen. Die geschäftlichen Verhandlungen werden im Wesentlichen nach dem folgenden Muster verlaufen:

Rollenspiel!

PHASE 1:

Restaurantbesitzer: Guten Abend, Sir. Willkommen bei Fabrizio.

Mafiosi: Guten Abend, ich würde gern an Ihrem besten Tisch sitzen.

R: Selbstverständlich. Wenn Sie mir bitte folgen wollen.

M: Ich habe leider vergessen, meinen Geldbeutel mitzunehmen. Aber ich gehe davon aus, dass das für Sie kein Hinderungsgrund ist, mich und meine vierzehn Freunde zu bewirten.

R: Aber nein. Champagner und Hummer für die Herrschaften!

PHASE 2:

M: Daran, dass ich wiederkomme, können Sie ersehen, wie hervorragend es mir hier beim letzten Mal geschmeckt hat. Unsere etwas ungestüme Art hat Sie doch sicher nicht alarmiert, oder?

R: Ganz und gar nicht. Es war sehr unterhaltsam. Morgen werden mir die Nähte entfernt und den Flügel fand ich sowieso immer etwas großkotzig und abgeschmackt. Ich bin froh, dass ich ihn los bin. Roberto, ein Tisch für sechsundzwanzig Personen!

M: Nun, da wir so gute Freunde sind, darf ich vielleicht eine kleine Bitte an Sie richten. Ich bin dummerweise gerade nicht besonders flüssig und muss mir vielleicht etwas Geld leihen.

R: Roberto hat den Tagesumsatz schon in eine Papiertüte gefüllt und in Ihre Manteltasche gesteckt. Darüber hinaus kann ich Ihnen gerne anbieten, dass Ihnen meine Tochter ein wenig Gesellschaft leistet.

Tochter: Papa, bitte nicht!

R: Sei still!

M: Sie sind wirklich ein Freund!

PHASE 3:

R: Ach, mein Lieblingsgast. Sieht man Sie auch mal wieder?

M: Mir ist ganz schwer ums Herz, wenn ich mich hier so umsehe. Es kommen gar keine Gäste mehr, und seit wir uns kennen, scheint es mit Ihrem Geschäft bergab zu gehen.

R: Da haben Sie recht. Völlig unverhofft, und nur aufgrund meiner eigenen Misswirtschaft, stehen wir plötzlich ohne Rücklagen und mit zertrümmerten Fensterscheiben da.

M: Als kleine Geste der Gefälligkeit haben meine Partner und ich Ihr Lokal mit Benzin übergossen, damit Sie leichter an Ihre Versicherungssumme herankommen. Hier sind Streichhölzer. Und mein Beileid noch mal zu Ihrem schmerzlichen Verlust.

R: Tja, sie hatte immer ihren eigenen Kopf.

Ausgezeichnet!

Eccelente!
[Etsch-e-LEN-te]

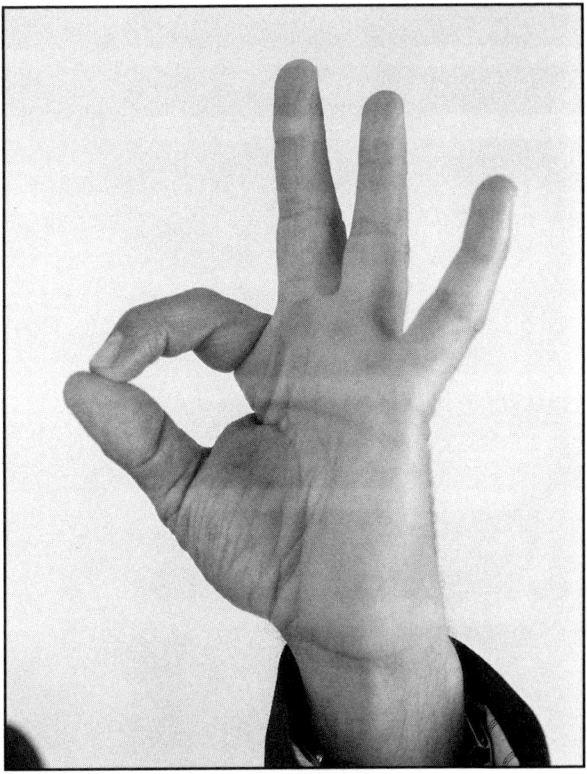

Ein kleines bisschen mehr

Un pochino di più
[Uhn po-KI-no di PJU]

Köstlich!

Squisito!
[Squ-I-si-to!]

Ich habe gut gegessen.

Ho mangiato bene.*
[O man-DSCHA-to bä-ne]

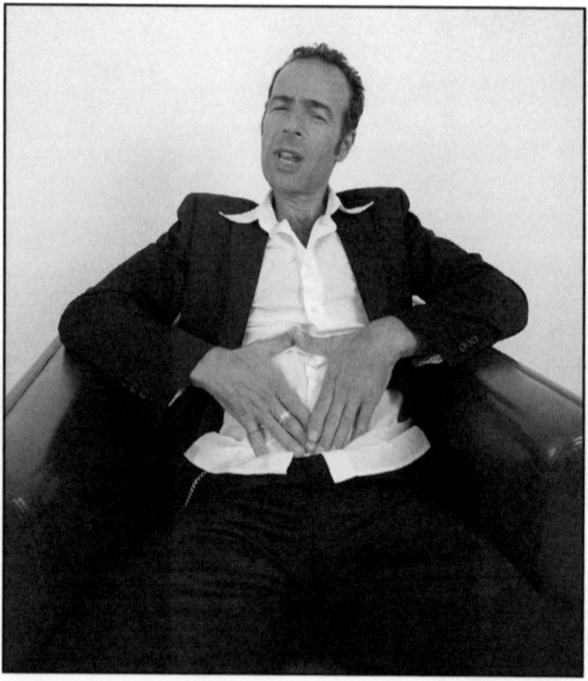

* Anmerkung des Herausgebers: Diese Geste werden Sie definitiv lernen müssen.

Die Rechnung, bitte!

Il conto, per favore!*
[Il KON-to, per fa-WO-re!]

* Anmerkung des Herausgebers: Diese Geste werden Sie wohl nie brauchen.

Glossar

Abstauben	Stehlen
Alleine essen	Habgierig sein, einen Teil der Beute für sich abzweigen
Auf die Matratzen gehen	Einen Krieg mit einer rivalisierenden Familie anzetteln
Babbo	Tölpel, Trottel, nutzloser Untergebener, Weihnachtsmann
Bei den Fischen schlafen	Jemand, der umgebracht und dessen Leiche im Meer oder in einem Fluss beseitigt wurde
Bestätigen	In die Familie aufnehmen, zu einem »Ehrenmann« machen
Borgata, brugad	Familie innerhalb des organisierten Verbrechens
Botschaft	Jemanden mit Bedacht in eine bestimmte Körperregion schießen, um der Familie des Opfers damit eine Botschaft zukommen zu lassen
Button	Mitglied der ehrenwerten Gesellschaft, *uomo d'onore*
Cafone, Gavone	Wörtlich: »Bauer« – ein der Familie peinlicher, rüpelhafter Mensch
Capisci?	Verstanden?
Capo di tutti capi	Der Mann, der von Behörden und Presse, wenn nicht von den Familien selber, als »Boss der Bosse« beschrieben wird. Traditionell fiel dieser Titel dem Oberhaupt der

	mächtigsten der fünf New Yorker Familien zu, dem daher auch die Rolle zufiel, über die interfamiliären Treffen der »Kommission« zu präsidieren.
Capodecina	Familien-Mitglied, das eine kleine Gruppe von Ehrenmännern anführt
Cazzia	Abgeleitet von *stu cazzo* bzw. *u'cazzu*, die Hoden
Comare	Die Geliebte eines Mafioso
Combinato	»Eingeführt«, d. h. in die Mafia initiiert
Commissione	üblicherweise ein Treffen der Bosse der fünf New Yorker Familien: Gambino, Genovese, Lucchese, Colombo und Bonanno, wenngleich häufig auch Familien, die andere wichtige Gegenden (wie z. B. Chicago) kontrollieren, eingeladen werden, Delegierte zu senden
Compare	Kumpel, Kumpan, Spezi, enger Freund. Wörtlich: »Pate« (im standardsprachlichen Italienisch)
Consigliere	Robert Duvall in *Der Pate*. Berater und »Strippenzieher« der Familie; ein Mann, dessen Klugheit und Gerissenheit sich beim Boss hoher Wertschätzung erfreuen
Cosca (Plural: *Cosche*)	Sizilianisches Dialektwort für »Artischocke«, das die Bedeutung »eine Mafia-Familie« erlangt hat. Im übertragenen Sinne halten die Mafiosi so eng zusammen wie die Blätter einer Artischocke

Cugino	Ein Jungtürke, der auf bestem Wege ist, ein »Ehrenmann« zu werden. Wörtlich: »Cousin« auf Italienisch
Den Hund füttern	Unter dem Tisch Geld übergeben
Der Mob	Eine bestimmte Familie des organisierten Verbrechens ODER Gesamtheit aller Familien, sprich: »Die Mafia«
Die Bücher sind offen	In einer Welt, in der nicht geredet und nichts schriftlich festgehalten wird, umschreibt dieser Ausdruck die Möglichkeit einer »Mitgliedschaft«. Wenn eine Position innerhalb der Organisation freigeworden ist, sind »die Bücher offen«. Wenn »die Bücher zu« sind, rechnen Sie nicht mit einer Einladung, Heiligenbildchen zu verbrennen.
Die Kommission,	Höchstes Leitungsgremium der Mafia,
Don, Capo	Der Chef der Organisation; derjenige, der entscheidet, wie viel Käsekuchen gekauft wird, wer »eingeführt« wird und wem demnächst ein kleiner Unfall zustößt
Eingebuchtet	Festgenommen
Eingeführter Mann	Initiiertes Mitglied der Familie. Jemand, der ein Heiligenbildchen verbrannt hat und nun zur ehrenwerten Gesellschaft gehört
Erledigt	Degradiert; »aus dem Familiengeschäft raus« (*Der Pate*); seiner Macht innerhalb der Organisation beraubt
Familie	Gruppierung des organisierten Verbrechens
Freund von mir	Ausdruck, mit dessen Hilfe ein Dritter zu

erkennen gibt, dass jemand zwar noch nicht initiiert ist, man ihm aber dennoch trauen kann

Freund von uns — Ausdruck, mit dessen Hilfe ein Dritter zu erkennen gibt, dass jemand Mitglied der ehrenwerten Gesellschaft ist, ein *uomo combinato*

Gepäck — Bewaffnet, wie in: »Komm mit Gepäck = pack auf jeden Fall ein paar ordentliche *lupara* ein«

Geschenk — Bestechungsgeld, sei es für einen Zeugen, einen Bundespolizisten oder Sergeant O'Hoolihan

Goldenes Zeitalter — Die Zeit, bevor RICO allen das Leben schwer machte

Gregorio — Mitglied der Mafia-Familie von niederem Rang

Handtasche — Anwältin in Diensten der Mafia

Hochzeit schließen — Eine Allianz zweier oder mehrerer Familien bilden, um mit einem bestimmten Problem fertig zu werden

In den Mund — »Botschaft«, die ausdrücken soll, dass jemand geredet hat – Schicksal eines *pentito*

Infame — schändlich, verräterisch

Ins Auge — »Botschaft«, die ausdrücken soll: »Wir beobachten euch«.

Jungtürken — Die jüngere, etwas wildere Generation von Mafiosi, die sich weniger an die Regeln und alten Traditionen halten

Kalt machen, killen, abknallen, um die Ecke bringen, auspusten, aus dem Weg räumen, das Gas abdrehen, zu den Radieschen schicken, umlegen, einen Job erledigen, es wie einen Unfall aussehen lassen	Mord
Knast, Bau – auch: an die Uni gehen, auf Staatskosten in den Urlaub fahren	Gefängnis
Kofferträger	Anwalt in Diensten der Mafia
Kronzeuge	Mafia-Mitglied, das im Gegenzug für die Aussicht auf Strafminderung (und meist unter der Bedingung, in ein Zeugenschutzprogramm aufgenommen zu werden) gegen die eigene Organisation aussagt
LCN	FBI-Jargon, Abkürzung für *La Cosa Nostra*
Leerer Anzug	Hat der Mafia im Grunde wenig zu bieten, wird aber trotzdem mitgeschleppt
Luft rein halten	Sorgfältig darauf achten, dass einem niemand folgt, wenn man mit dem Auto unterwegs ist
Lupara	abgesägte Schrotflinte, abgeleitet vom italienischen Wort »lupo = Wolf«. Früher ging man mit Schrotflinten auf Wolfsjagd. Heute ein Mafia-Sammelbegriff für jede Art von Waffen

Müllbranche; Abfallentsorgungsgeschäft	euphemistische Umschreibung für das Alltagsgeschäft der Mafia
Nicht mehr lange da	Wird demnächst erledigt, umgelegt, ausgepustet ...
Nuss, die (*il nocciolo*)	»Was unterm Strich dabei rauskommt«, sprich: der Bruttogewinn
Omertà	Das berühmte Schweigegebot der Mafia
Padrino	Pate
Partner	Ein noch nicht initiierter Mann, der aber gleichwohl für die Familie arbeitet und das Schweigegelübde möglicherweise noch ablegen wird
Pentito	Ein »Reumütiger«, jemand, der im Gegenzug für die Aussicht auf Strafminderung gegen die eigene Organisation aussagt (siehe auch »Kronzeuge«)
Pezzo di novanta	Mafia-Anführer
Picciotto	Wörtlich: »junger Mann«, im Mafia-Sprachgebrauch eine niedrige Charge; ursprünglich eine historische Bezeichnung für die sizilianischen Freiheitskämpfer
Piece	Wumme, Knarre
Pizzo	Schutzgeld
Posato	Von der Mafia exkommuniziert
Problem	eine Belastung; jemand, der wahrscheinlich bald einen kleinen Ausflug mit dem Auto unternehmen wird
Programm, das	Zeugenschutzprogramm des FBI
RICO	Kurz für *Racketeer Influenced and Corrupt Organisations Act.* Amerikanisches Gesetz

aus dem Jahre 1970, das mit einem Großreinemachen in der Welt des organisierten Verbrechens einherging.

Regierung	Die mächtige obere Ebene der Hierarchie einer Familie. Sie umfasst *Capo*, Unterboss und *Consigliere*
Saft	Wucherzinsen
Sbirro	Verächtlich für »Polizist«, »Bulle«
Schnurrbärte	Abfällige Bezeichnung für altmodische Mafiosi
Schore	Heroin (auch bekannt als Shampoo, Hundepillen, Golfschläger, Käsekuchen ...)
Soldat *(soldato)*	Unterste Hierarchieebene einer Familie; Fußtruppen, aus denen eine *Crew* besteht
Steuer	Anteil, den man von anderer Leute Umsatz einbehält
Tribut zollen	Dem Boss als Zeichen des Respekts einen Anteil abtreten
Unsere gemeinsame Sache	*La Cosa Nostra*, die Mafia
Uomo d'onore, uomo combinato	Ehrenmann, Mafioso, »eingeführter« Mann
Vollstrecker	Der klassische Mann fürs Grobe; Luca Brasi in *Der Pate*
Vom Haken lassen	Jemanden noch einmal davonkommen lassen, d.h nicht kaltmachen, killen, abmurksen ...
Wiseguy	»Ehrenmann«, Freund der italienischen Oper

Zio, Zi', Zu Wörtlich: »Onkel« – Ausdruck des Respekts für einen Mafiapaten; Synonym für *Don*

Zips Abfällige Bezeichnung der amerikanischen Mafiosi für ihre sizilianischen Kollegen

Bibliografie

Dickie, John, *Cosa Nostra*, S. Fischer, 2006

Farrell, Joseph (Ed.), *Understanding the Mafia*, Manchester University Press, 1997

Oliveri, Fabio, *La Gestualità dei Siciliani*, Krea, 2002

Munari, Bruno, *Speak Italian: The Fine Art of the Gesture*, Chronicle, 2005

Cangelosi, Don & Delli Carpini, Joseph, *Italian Without Words*, Meadowbrook Press, 1989.

Hughes, Lloyd, *The Rough Guide to Gangster Movies*, Rough Guides, 2005.

Der Autor dankt Marco Gambino für seine Übersetzungen einiger »nützlicher Klischees« und für seinen außerordentlich wertvollen Rat hinsichtlich der korrekten Ausführung sämtlicher italienischen Gesten in diesem Buch.

Mach's gut! [Für immer]

Addio! [Per sempre]
[Ad-i-OH! [Per SEM-pre]]